동물들의 환경 회의

아니타 판 자안 글 | 도로테아 투스트 그림 | 전은경 옮김

라임

따사로운 햇살이 내리쬐는 봄날, 바닷가 모래밭이 왁자지껄해졌어요.

오늘은 바로, 환경 회의가 열리는 날이거든요.

지구 곳곳에 살고 있는 크고 작은 동물들이 모두 한자리에 모였답니다.

하루가 다르게 오염되어 가는 지구를 지키기 위해서

무엇을 해야 할지 궁리해 보려고 저마다 한걸음에 달려왔지요.

동물들은 서로 반갑게 인사를 나눈 다음, 모래밭 한가운데에 마련된 회의장에 둘러앉았어요.

아, 해양 동물들은 함께 있지 않았답니다. 바닷속에 설치된 커다란 비디오 화면 앞에 옹기종기 모여 있었거든요.

회의장과 바닷속을 동시에 보여 주는 생중계 방송 덕분에, 멀리 떨어져 있어도 회의에 충분히 참여할 수 있었어요.

코끼리 에드가 가장 먼저 연단에 올라갔어요.

"오늘 우리는 사람들이 환경을 마구잡이로 망가뜨리는 바람에 어떤 피해를 입고 있는지 함께 이야기해 보려고 모였어. 이렇게 많이 모일 줄은 몰랐는데, 모두 와 줘서 고마워.

그럼, 먼저 벌들의 이야기를 들어 볼까?"

여왕벌 비즈가 날개를 재빠르게 움직이며 연단 위로 날아왔어요. 비즈는 하늘 위에서 빙빙 돌며 큰 소리로 말했지요.
"농부들이 잡초를 없애려고 들판에 농약을 마구 뿌려 대는데……. 그 농약 때문에 우리가 큰 고통을 받고 있어.
농약은 자연을 오염시킬 뿐만 아니라 우리 벌들에게도 몹시 해로워. 심지어 해마다 꼬박꼬박 뿌리고 있잖아.
이건 사람들한테도 무지무지 위험한 일이야. 농약을 잔뜩 뿌린 채소를 수확해서 결국엔 사람들이 다 먹게 되니까!"

벌을 좋아하는 사람은 어디 없나?

꽃으로 가득했던 들판이 바싹 메말라 가고 있어.

벌들이 죽어 가고 있다! 농약 살포를 멈추라!

날마다 바쁘게 움직이는 꽃가루 배달원

벌은 꽃의 꿀과 꽃가루(화분)를 먹고 살아요. 벌이 꽃에 살포시 앉으면 털에 꽃가루가 묻어요. 벌은 꽃가루 범벅이 된 채 다른 꽃으로 날아가지요.

이걸 '꽃가루받이(수분)'라고 해요. 벌이 옮긴 꽃가루가 암술머리에 붙으면 '수정'이 이루어진답니다. 그러고 나면 씨앗이 들어 있는 열매가 열리는 거예요.

그 씨앗이 양지바른 땅에 묻히면, 거기에서 다시 새 식물이 자라나지요. 그런데 만약 벌들이 없어지면 어떻게 될까요? 꽃가루받이가 일어나지 않고 열매도 맺히지 않겠지요. 지구에 식량이 부족해지는 건 시간문제예요.

함부로 뿌려 대는 농약과 비료

사람들은 들판에 필요 이상으로 비료를 많이 주어요. 또 풀을 무척 자주 베어 내지요. 해충을 죽이기 위해 농약을 함부로 뿌리기도 하고요.

그런데 농약은 매우 독해서 동물과 사람에게 매우 해롭답니다. 농약이 묻은 꽃에서 생겨난 과일은 껍질을 벗기거나 깨끗이 씻어도 나쁜 성분이 제대로 없어지지 않아요. 결국 과일과 함께 농약 성분을 먹는 것과 마찬가지예요!

그다음에는 비버 보보가 연단에 올라갔어요.
"벌이 한 말은 전부 사실이야. 우리가 사는 하천도 농약으로 오염되어서 동물들이 많이 죽기도 하고 떠나기도 했어.
그 바람에 개체 수가 크게 줄어들었지. 에휴, 우리도 지금 거의 멸종하기 직전인걸!
사람들이 강가에 자라는 나무도 모조리 베어 버렸어. 그러고선 땅을 파고 깎아서 억지로 물길을 냈지 뭐야?
비가 내리면 들판에 뿌린 농약과 비료가 강으로 흘러 들어오게 돼. 이제 씻고 먹을 물조차 없어. 사람들이 나무를 더 이상 베어 내지 못하도록 해야 돼!"

예쁘게 가꿔진 강가의 이면

요즘 강가는 대부분 양 끝이 반듯하게 다듬어져 있어요. 산책로를 만들기 위해 강가에 자라던 나무를 다 베어 냈기 때문이에요. 그러고선 수시로 농약을 뿌리지요. 잡초가 자라면 안 되니까요.

비가 오면 농약에 들어 있는 유해 성분이 강으로 고스란히 스며들어요. 그 바람에 강가에 사는 동물들과 물속에 사는 물고기들이 고통받게 되지요. 특히 비버는 나무가 없는 강가에선 살 수가 없어요. 싱싱한 나뭇가지와 잎사귀를 먹어야 하거든요. 물 위에 댐을 짓기 위해선 나무와 덤불이 꼭 필요하고요.

산소를 빼앗아 가는 녹조

농약과 비료가 녹은 물에 태양이 내리쬐면 수온이 높아지면서 광합성이 활발해져 초록빛을 띠는 조류가 지나치게 많아지게 돼요. 그러면 물빛이 녹색이 되는데, 이걸 '녹조 현상'이라고 해요.

과하게 자란 물속 식물들이 죽으면 바닥으로 가라앉게 되고, 박테리아에 의해 분해되어 썩지요. 이 과정에서 산소를 사용하게 되는데요. 그만큼 물에 사는 동물들이 숨을 쉴 때 쓸 수 있는 산소가 부족해져요.

강에서 흘러 흘러 바다로

비에 씻겨 강으로 스며든 유해 물질은 바다로 흘러 들어가요. 결국엔 바다도 점점 나쁜 성분으로 가득 차게 돼요!

으으, 농약 때문에 도저히 살 수가 없어!

우리에게 필요한 건 예쁜 산책로가 아니라 깨끗한 물이야!

점점 사라지는 보금자리

구멍이 송송 나 있거나 마른 나뭇가지가 붙어 있는 고목은 이제 숲에서 찾아보기가 쉽지 않아요. 나무 아래에서 자라는 덤불과 잡초도 많지 않지요. 사람들이 돈벌이가 되는 나무를 심기 위해 모두 베어 버렸으니까요.
박쥐는 물론 동굴에서 사는 동물들이 몸을 숨길 장소가 점점 사라지고 있어요.

* 고목에 사는 다람쥐

이런 건 숲이 아니야!

요즘의 숲은 더 이상 '숲'이라 부를 수 없어요. 가문비나무처럼 빨리 자라고 잘 팔리는 나무 종류들만 촘촘하게 서 있으니까요. 이른바 대규모 나무 농장으로 바뀌고 있거든요. 이런 농장을 '플랜테이션'이라고 한답니다. 플랜테이션에 심어진 나무들은 다 자라기도 전에 베어져서 시장으로 향하지요.

> 사람들이 우리의 소중한 나무를 훔쳐 가고 있어!

우리에겐 억지로 빽빽하게 심은 나무가 아니라 '진짜' 숲이 필요해!

이제 박쥐가 말할 차례예요. 안톤이라는 박쥐가 연단에 올라가 검은 날개를 활짝 펼쳤어요.
"우리가 살고 있는 숲도 무척 심각한 상황이야. 우리는 주로 밤에 활동하는데, 낮에 꿈을 꿀 만큼 깊게 잠들려면 몸을 숨길 수 있는 크고 오래된 나무가 필요해.
하지만 그런 나무는 거의 없어. 사람들이 가문비나무를 잔뜩 심어 놓았거든. 그 나무가 사람들에게 가장 인기 있는 목재이기 때문이지.
이제 숲에서 고목을 찾기는 힘들어. 그래서 우리가 지낼 공간이 너무너무 부족해! 사람들은 숲이 지구에 사는 모든 생명을 위해 존재한다는 사실을 모르는 것 같아."

축축하고 따뜻하고 그늘진

열대 우림은 일 년 내내 비가 내려 습기가 많고, 기온이 항상 높아서 따뜻한 숲이에요. 그래서 매우 다양한 종류의 동식물이 살고 있어요.

열대 우림이 하는 일

열대 우림 지역에는 늘 안개가 자욱하게 끼어 있어요. 이 안개가 지구 표면을 살포시 덮어서, 지구 온난화를 막아 주는 역할을 하지요. 또 열대 우림에서 자라나는 식물들은 공기를 더럽히는 이산화 탄소를 잘 빨아들여요.

얼른! 서둘러! 기후 변화를 막아야 해!

고릴라 게르트가 쿵쿵거리며 연단으로 올라갔어요.
"우리는 아프리카 열대 우림에 살아. 그런데 사람들이 숲에 불을 지르고 나무를 전부 베어 버렸지 뭐야? 지금은 그 울창했던 숲이 텅 비었어.
열대 우림은 우리의 보물이야! 언제나 초록빛으로 반짝일 뿐 아니라 자욱한 안개 덕분에 늘 축축하고 따뜻하지. 열대 우림이 지구의 기후를 보호한다는 거, 다들 잘 알잖아?
그런데 열대 우림이 점점 사라져 가고 있어. 지금 이 순간에도 나무가 베어지고 있거든. 하지만 우리는 숲을 절대 포기할 수 없어! 이 말을 하기 위해 오늘 여기까지 온 거야."

숲을 일부러 불태운다고요?

지구에 열대 우림이 많아진다면, 지구 온난화의 속도가 느려질 거예요. 하지만 사람들은 숲을 함부로 태우고 나무를 몽땅 베어 내고 있어요. 대규모 팜유 농장을 만들어 식물성 기름을 얻기 위해서지요. 불에 탄 땅은 건조해지면서 지구에 해로운 온실가스(이산화 탄소)를 배출해요.

사라질 위험에 처한 동물들

고릴라는 열대 우림에 살아요. 가끔 먹이를 찾기 위해 탁 트인 초원으로 나가기도 하지요. 하지만 사람들이 나무를 자꾸 베는 바람에 고릴라가 살아갈 공간이 점점 줄어들고 있어요. 심지어 사람들에게 사냥을 당하기도 하지요. 안타깝게도 고릴라 역시 멸종 위기에 처한 동물이에요.

"열대 우림을 보호해야 돼! 동물들이 자꾸자꾸 사라지고 있다고!"

"다양성 만세!"

판다의 보금자리, 대나무 숲

대왕판다는 중국에만 살아요. 활엽수와 침엽수, 대나무가 많은 산 중턱에 살지요. 그런데 대나무 숲이 점점 사라지고 있어요. 바로 기후 변화 때문이에요.

중국에서 온 대왕판다 완다가 연단으로 올라갔어요. 완다는 발톱으로 움켜쥔 초록빛 대나무를 높이 들어 모두에게 보여 주었지요.

"대나무는 판다들이 제일 좋아하는 먹이야. 우리가 살고 있는 산속에 드문드문 자라지. 그런데 우리의 생활 공간이 얼마나 좁은지 아니?

사람들이 산을 밀어내고 도로를 만들려고 하거든. 그래서 우리가 살 공간이 점점 더 줄어들고 있어. 이렇게 좁아지고 좁아지다간 움직이는 것조차 힘들지도 몰라! 그러면 가족을 꾸리지도 못할걸.

게다가 사람들은 우리를 사냥하기까지 해. 사람들이 몰래 설치해 둔 덫에 걸려서 내 친구들이 벌써 많이 죽었어. 생각만 해도 너무 끔찍해…….

사람들이 벌이는 일들은 하나같이 마음에 안 들어."

기후 변화를 막아야 해!

우리에겐 더 넓은 대나무 숲이 필요해!

숲이 섬으로 바뀐 까닭

판다도 멸종 위기에 처해 있어요. 사람들이 도로와 철도를 만들고 농사를 지으면서 판다의 집인 대나무 숲을 빼앗아 버렸기 때문이에요.

생활 영역이 줄어든 판다들은 마치 섬에 사는 것처럼 비좁게 생활해야만 하지요. 최악의 경우엔 가족끼리 짝짓기를 하게 될지도 모른다나요?

평생 한 번 피는 꽃

대나무는 일생 동안 한 번 꽃을 피우고 죽는다고 해요. 좁은 '숲 섬' 안에서 대나무가 꽃을 피우고 죽어 버린다면, 판다들은 더 이상 먹이를 구하지 못하겠지요? 그러면 모두 굶어 죽고 말 거예요.

호랑이 타거가 으르렁거리며 걸어 나왔어요.
"우리가 사는 곳도 문제야. 아시아에 있는 산림도 점점 줄어들고 있거든. 게다가 사냥꾼이 시도 때도 없이 나타나는 바람에 늘 불안과 공포로 떨어야 해. 사람들은 왜 동물 가죽으로 만든 옷이나 가방을 그토록 갖고 싶어 하는 걸까?
좁아진 숲에선 더 이상 먹이를 찾을 수가 없어. 우린 풀이나 나무껍질은 먹지 않잖아? 그렇다고 사람들이 만든 사료를 살 수도 없는 노릇이지.
먹고살기 위해선 어쩔 수 없이 사람들이 사는 곳으로 내려가야 해. 선택의 여지가 없어…… 텅 빈 숲에 머무는 건 고통일 뿐이야.
이러다간 우리도 곧 멸종하고 말 것 같아."

더 이상 살 수 없는 집

호랑이는 아시아에 살아요. 우림 지역이나 맹그로브 숲, 사바나, 늪지대 등 물이 있으면서 나무가 우거진 곳에 주로 터를 잡지요. 그런데 지난 150년 동안 호랑이의 생활 공간이 심하게 줄어들었어요. 대규모 농장을 짓고 도로를 건설하느라 사람들이 숲을 밀어내었거든요.

모피 옷을 입는 인간들은 창피한 줄 알아라!

맞아!

하루하루 굶주려 가는 호랑이

점점 좁아진 숲에는 더 이상 호랑이가 먹을 만한 먹이가 남아 있지 않아요. 그래서 호랑이는 사냥을 하기 위해 멀리 나가야 하지요. 때로는 사람들이 살고 있는 마을까지 내려간답니다.

호랑이 뼈는 만병통치약?

호랑이와 표범 같은 고양잇과 동물은 가죽뿐 아니라 뼈와 이빨도 사람들에게 인기가 높아요. 온갖 병을 다 낫게 해 준다는 터무니없는 미신 때문이에요. 호랑이를 사냥하는 행위는 금지되어 있지만, 밀렵꾼들은 지금도 계속 사냥을 하고 있지요.

* 표범 가죽

메마른 사막엔 누가 살까?

낙타는 건조한 지역에서 살아갈 수 있도록 적응된 동물이에요. 물을 한 번에 많이 마신 후 몸에 담아 두어요. 그걸로 오랫동안 지낼 수 있거든요. 또 등에 있는 혹에 지방을 저장해 두어 체온을 일정하게 유지한답니다.

사막이 자꾸자꾸 늘어나요

사막은 언제나 메마르고 가물어요. 그런데 기후 변화로 가뭄이 점점 더 심해지고 있어요. 앞으로 지구의 온도가 3도가량 더 올라가면, 유럽은 지금보다 두 배 더 넓은 면적이 바짝 마를 거예요. 이러다 스페인 남부 지역과 이탈리아, 그리스 모두 사막으로 변할지도 몰라요!

목말라! 더 이상은 못 살아!

나무 수액이라도 맞았으면!

내 말이!

점점 메말라 가는 지구

동식물이 살아가는 데 필요한 물이 부족해지거나, 어떤 지역에 오랫동안 비가 내리지 않는 현상을 일컬어 가뭄이라고 해요. 가뭄이 심해지면 개천이나 강, 호수가 마르게 돼요.

두꺼운 털가죽에 모래가 덕지덕지 묻은 낙타 카카멜이 앞으로 나와 빠르게 말했어요.

"우리는 온기를 사랑해. 햇볕이 아무리 따가워도 상관없어. 한 번에 많은 양의 물을 마셔서 위에 저장할 수 있거든. 등 위로 불룩 솟은 혹에 지방을 비축해 둘 수 있고. 그 덕분에 메마른 사막에서도 잘 지낼 수 있지.

그런데 사막이 점점 늘어나고 있지 뭐야? 이제는 물 한 모금 마시기조차 힘들 만큼 가물었어. 사방이 너무 마르고 건조해서, 바닥이 쩍쩍 갈라질 지경이야. 먹을 게 없는 건 물론이고…….

우리뿐만 아니라 다른 동물들도 점점 살기 힘들어하고 있어. 사람들이 혹시 우리의 존재를 잊은 걸까?"

"낙타 말이 맞아. 지구가 점점 메말라 가고 있어!"
어디선가 얇고 높은 목소리가 들렸어요. 쥐 래트가 커다란 동물들 사이를 비집고 총총총 걸어 나왔지요.
"너희, 혹시 온실이 뭔지 알아? 유리 벽으로 만들어진 집인데, 그 안은 언제나 따뜻해.
지구는 온실과 같아. 지구를 에워싼 기체가 태양의 온기는 통과시켜 주고 우주의 냉기는 막아 주거든.
동물은 물론 곤충, 곰팡이류, 식물, 그리고 사람까지, 크고 작은 모든 생명이 그 온기 덕분에 지구에서 편안히 살 수 있는 거야.
하지만 공장 굴뚝이나 자동차에서 뿜어 나오는 배기가스가 대기권에 겹겹이 쌓이면서 지구를 점점 뜨겁게 만들어. 이러다가 아무도 지구에서 살 수 없을지도 몰라.
아, 지구의 기후를 구할 존재는 어디에도 없는 걸까?"

온실 효과란?

유리 벽으로 만든 온실에는 햇빛이 통과해 들어와요. 하지만 지면에서 반사된 적외선은 유리를 통과할 수 없어요. 이 때문에 따뜻한 온기를 유지하게 되지요. 이걸 '온실 효과'라고 해요.

대중교통을 이용해라!

배기가스는 사라져라!

지구는 커다란 온실!

지구 주위에는 유리 벽 대신 기체 껍질이 있어요. 바로 대기권이에요! 그리고 대기 안에 형성된 온실가스(수증기, 이산화 탄소, 메테인 등)가 지면에서 반사된 적외선을 삼켜서, 온기가 우주로 빠져나가지 못하게 잡아 두지요. 마치 온실처럼요.

이렇게 자연적으로 발생하는 온실 효과가 없다면, 지구는 너무 추워서 아무도 살지 못할 거예요.

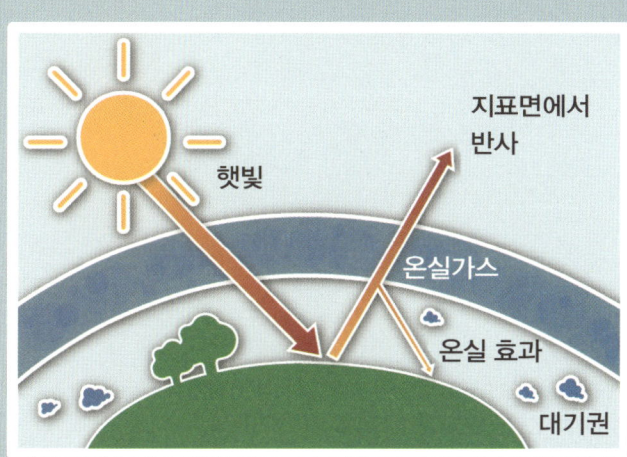

지구가 점점 뜨거워져요

자동차와 비행기에서 나오는 배기가스나 축산업에서 발생하는 메테인가스가 하늘로 올라가면, 온실가스의 이산화 탄소 농도가 진해져요. 그러면 지구의 온실 효과가 더욱 강력해져서 지구가 그만큼 더 따뜻해져요. 아니, 너무 뜨거워져요! 이런 현상을 '지구 온난화' 또는 '기후 변화'라고 부른답니다.

기름으로 얼룩진 얼음 바다

사람들은 석유를 채굴하기 위해 북극으로 가요. 채굴 과정에서 기름이 바다로 자꾸 흘러 들어가지요. 바닷물에 석유가 한 번 들어가면 없애기가 아주 힘들어요. 게다가 동물들에게도 무척 위험하답니다. 어쩌다 기름을 삼키기라도 하면 병이 들거나 죽게 되거든요. 새의 깃털에 미끌미끌한 기름이 달라붙기라도 하면 하늘을 날 수가 없어요.

북극을 지키기 위해 함께 힘을 모으자!

북극에 사는 북극곰들이 무리를 지어 왔어요. 대표로 연단에 올라간 베이가 불만 가득한 목소리로 말했어요.
"북극은 얼음이 점점 녹고 있어. 지구가 하루하루 더워지고 있기 때문이야. 게다가 사람들이 자꾸 쳐들어와. 석유와 천연가스를 찾는다면서 북극을 완전히 헤집어 놓고 있거든. 안 그래도 얼음이 녹아서 살 공간이 없는데……. 우리에게 얼음을 대신할 만한 건 없어. 기후 변화를 막기 위해 이제 우리가 나서야 해! 사실 당장 새끼를 낳을 공간도 없어……. 이러다간 우리도 멸종하고 말걸."

북극에서 가장 따뜻한 곳은?

북극곰들은 얼음과 눈을 기반으로 살아가요. 하얗고 두툼한 털이 추위를 막아 주거든요. 새끼 곰들은 엄마 곰이 파 놓은 굴에서 태어나요. 영하 40도를 웃돌 만큼 추운 북극이지만, 굴 안은 영하 1도 아래로 떨어지는 일이 거의 없어서 비교적 포근하답니다.

점점 녹아내리는 얼음

지난 50년 동안 북극의 온도는 2도에서 3도가량 올랐어요. 바로 지구 온난화 때문이에요. 북극곰들은 오갈 데가 없어요. 바다표범이나 물개 같은 먹이를 사냥하려면 단단한 얼음이 필요하고, 새끼를 낳으려면 동굴을 지을 수 있을 만큼 충분한 눈이 필요하거든요.

쓰레기가 바다에 둥둥~

과자 봉지, 플라스틱 병, 음료수 캔, 일회용 도시락 용기……. 바다는 플라스틱 쓰레기로 가득해요. 대부분은 육지에서 강을 거쳐 바다로 흘러 들어간 거예요. 플라스틱 쓰레기가 완전히 없어지려면 400년이 넘는 시간이 걸린답니다.

바다에서 고래 핀이 발언권을 신청했어요. 곧이어 핀이 비디오 화면에 모습을 드러냈답니다.
"공기와 육지만 오염된 게 아니야. 바다와 해변도 완전히 난장판이야! 사람들이 버리고 간 플라스틱 쓰레기로 뒤덮여 있거든.
게다가 배들은 파도를 헤치며 거칠게 운항을 하고, 바닷속 깊은 곳에 살고 있는 물고기를 잡으려고 저인망(그물)을 끌어. 아무것도 모르는 물고기들이 헤엄을 치고 놀다가 죽음의 길로 들어가게 되지.
물고기뿐 아니라 그물에 잡히는 모든 생물이 대부분 그렇게 죽고 말아."

깊숙이, 더 깊숙이 내리는 그물
바닷속 깊은 곳에 사는 물고기를 잡을 때 사람들은 저인망을 사용해요. 저인망에 식용 물고기만 잡혀 죽는 게 아니에요. 어린 물고기와 바닷새, 상어, 거북 같은 다른 바다 동물도 잡히지요.

플라스틱 조각을 먹어요
바닷속 동물들은 미세 플라스틱 조각을 먹이로 착각하기 쉬워요. 고래나 물고기뿐 아니라 바닷새와 조개들도 플라스틱 조각을 무심코 삼키게 되지요. 소화할 수 없는 조각을 먹은 동물들은 질식하거나 배가 부풀어 오른 채 굶어 죽어요.

환상의 짝꿍, 흰동가리와 말미잘
흰동가리는 산호초 지대에서 말미잘과 함께 살아요. 적이 다가오면 쐐기풀 같은 말미잘의 촉수 사이로 쏙 숨어 버리지요.

흰동가리 니모가 산호초 사이에서 헤엄쳐 나와 카메라 앞에 섰어요.
"바다를 지키는 진정한 영웅, 산호를 알고 있니? 바다 밑에 석회질 골격을 층층이 쌓아서 산호초를 이루어 사는데, 언제나 한자리에 머물면서 우리를 도와줘.
알록달록한 산호초는 위험에 처한 동물들을 숨겨 주고 알을 낳을 공간을 제공해 줘. 거센 파도가 바닷가로 휘몰아치는 것도 막아 주고. 하지만 기후 변화가 급격하게 일어나면서 아름다운 산호초도 피해를 입고 있어. 그런데 아무도 이 사실을 몰라!"

바닷속 동물들의 비밀 공간, 산호초

산호는 수심이 얕은 바다 밑에 사는 동물이에요. 바닥에 석회질 골격을 쌓아 군체를 이루어 살지요. 이걸 산호초라고 해요. 산호초는 아주 천천히 자라는데, 자그마한 벌레와 몸속에 아무 조직이 없는 해면동물, 불가사리와 성게 같은 극피동물, 새우와 게 등의 갑각류, 그 외의 다양한 물고기가 생활하는 공간이랍니다.

기후 변화가 산호를 죽여요

지구 온난화로 바닷물 온도가 높아지면, 산호는 품고 있던 조류를 뱉어 내요. 그러면 광합성을 하지 못해 하얗게 변하지요. 이걸 '백화 현상'이라고 불러요. 기후 변화로 바다 폭풍이 자주 일어나면, 백화 현상으로 약해진 산호초는 병이 들거나 죽고 말아요.

동물들의 연설이 모두 끝나자, 곳곳에서 박수갈채가 터져 나왔어요.

"그래, 이게 바로 지구의 현실이야. 지구를 망가뜨리겠다고 계획한 동물은 아무도 없는데……."

코끼리 에드가 큰 소리로 말했어요.

"육지는 물론이고 산과 바다까지, 모두 문제투성이야."

호랑이 타거가 소리쳤어요.

"맞아! 지금 지구는 상황이 무척 안 좋아. 이렇게 불평만 늘어놓고 있을 때가 아니야. 우리가 할 수 있는 일을 생각해 보자. 그리고 당장 내일부터 시작하는 거야! 다음 세대를 위해 미리 대비해야 해. 어린 동물들을 굶어 죽게 할 수는 없잖아. 우리 손에 지구의 미래가 달려 있는 거야!"

"나한테 좋은 생각이 있어!"

그때 벌 비즈가 활기찬 표정으로 말했어요.

"잘 들어 봐. 사람들이 지구를 오염시키고 있는 건 맞지만 우리가 맞서기는 힘들어. 차라리 연합을 하는 거야. 특히 어린이들이랑! 그렇게 하면……."
"말도 안 돼!"
호랑이 타거가 화가 잔뜩 난 목소리로 소리쳤어요.
"대체 그게 무슨 뜻이야? 사람들이 우리에게 무슨 도움을 줄 수 있는데? 사람들은 누구도 주지 않은 결정권을 가지고서 이기적으로 휘두르고 있어. 숲을 태우고, 나무를 베고, 땅을 메마르게 하고, 바다를 쓰레기로 더럽혔지. 심지어 우리 동물들의 생활 공간마저 빼앗아 갔어. 그런데 연합을 하라고? 그러다간 우리가 살 곳이 단 한 뼘도 남지 않을 거야. 지구를 지키겠다는 우리의 꿈이 순식간에 끝나 버릴 수도 있어!"

비즈가 다급한 목소리로 다시 말했어요.

"타거 말이 무슨 뜻인지 알아. 사람들의 생각 없는 행동들은 이루 셀 수 없을 정도니까. 하지만 아이들은 그렇지 않아. 어린이는 순수하고 맑은 시선으로 자연과 생명을 바라볼 수 있는 존재야. 그러니까 우리가 아이들에게 말을 해 줘야 해. 지금 동물들의 삶이 무척 힘들다는 걸…….

그래서 말인데, 우리가 책을 쓰면 어떨까? 우리들의 이야기가 담긴 그림책을 직접 만드는 거지!

'얘들아, 용기를 내! 하고 싶은 말을 마음속에만 담아 두지 말고. 그리고 어른들에게 우리 이야기를 들려줘. 지구가 많이 아파하고 있다고, 자연을 계속해서 함부로 사용하다가는 더 이상 다양한 생명이 함께 살 수 없게 된다고 말이야.

이제 시간이 얼마 남지 않았어. 가만히 앉아 나아지기만을 바라는 건 아무 소용이 없어! 우리는 너희가 미래에 여러 생명과 공존할 권리를 누릴 수 있기를 바라. 동물과 사람 모두를 지키기 위해 다 같이 한 걸음 내디뎌 보는 거야. 우리, 함께 지구를 구하자!'

이런 이야기를 담아 보는 거 어때?"

"우아, 정말 좋은 생각이야!"

까막딱따구리가 아주 크게 소리쳤어요. 다른 동물들도 동의하듯 팔을 번쩍 들어 올렸지요.

"멋진 그림과 좋은 이야기를 담은 그림책을 만들자. 아이들이 무척 좋아할 거야!"

"좋아, 그럼 당장 시작하자!"

비즈가 날개를 힘차게 움직이며 연단으로 날아갔어요.

"자, 그림책을 만들 때 가장 중요한 건 이거야. 첫 문장! 이렇게 쓰면 어떨까?

'따사로운 햇살이 내리쬐는 봄날…….'"

지은이 아니타 판 자안
독일 슈투트가르트 국립 조형 예술 대학교에서 미술과 자연 과학을 공부했어요. 지금은 생물학자로 일하면서, 어린이들에게 쉽고 재미있게 자연을 안내하는 책을 쓰고 있답니다. 《동물들의 환경 회의》는 작가의 첫 그림책이에요.

그린이 도로테아 투스트
독일 펠베르트에서 태어나 자랐으며, 부퍼탈에서 그래픽 디자인을 공부했어요. 학창 시절부터 지금까지 프리랜서 삽화가로 일하며 수많은 어린이 책에 그림을 그렸어요.

옮긴이 전은경
한양대학교에서 역사를 공부하고, 독일의 튀빙겐 대학교로 유학을 떠나 고대 역사와 고전 문헌학을 공부했어요. 지금은 독일어 책을 우리말로 옮기는 일을 하고 있답니다. 그동안 옮긴 책으로 《인터넷이 끊어진 날》《호기심 로봇 로키》《이래도 안 무서워?》《알록달록 손바닥 친구》《집을 잃어버린 아이》 외 많은 책이 있어요.

동물들의 환경 회의

첫판 1쇄 펴낸날 2020년 11월 20일 | **6쇄 펴낸날** 2024년 5월 1일 | **지은이** 아니타 판 자안 | **그린이** 도로테아 투스트 | **옮긴이** 전은경 | **펴낸이** 박창희 | **편집** 홍다휘 백다혜 | **디자인** 배한재 | **마케팅** 박진호 | **홍보** 김인진 | **회계** 양여진 | **인쇄** 신우인쇄 | **제본** 에이치아이문화사 | **펴낸곳** (주)라임
출판등록 2013년 8월 8일 제 2013-000091호 | **주소** 경기도 파주시 심학산로 10, 우편번호 10881 | **전화** 031)955-9020,9021 | **팩스** 031)955-9022
이메일 lime@limebook.co.kr | **인스타그램** @lime_pub | **홈페이지** www.prunsoop.co.kr | ⓒ라임, 2020 | ISBN 979-11-89208-65-3 (74400)
979-11-85871-25-7 (세트)

잘못된 책은 구입하신 서점에서 바꾸어 드립니다. 이 책 내용의 전부 또는 일부를 재사용하려면 저작권자와 ㈜라임의 동의를 받아야 합니다.
KC 마크는 이 제품이 공통안전기준에 적합하였음을 의미합니다. 던지거나 떨어뜨려 다치지 않도록 주의하세요.

DIE UMWELTKONFERENZ DER TIERE
by Anita van Saan(writer), Dorothea Tust(illustrator)
All rights reserved by the proprietor throughout the world in the case of brief quotations embodied in critical articles or reviews.

Korean translation copyright ⓒ 2020 by Lime Co., Ltd.
Text copyright ⓒ 2019 by Carlsen Verlag GmbH
First published in Germany under the title Die umweltkonferenz der tiere : Ein sachbuch fur eine bessere zukunft.
This Korean edition was published by arrangement with Carlsen Verlag GmbH, Hamburg through Bestun Korea Agency Co., Seoul.

이 책의 한국어판 저작권은 베스툰 코리아 에이전시를 통한 저작권자와의 독점 계약으로 ㈜라임에 있습니다.
저작권법에 의해 한국 내에서 보호를 받는 저작물이므로 무단 전재와 무단 복제, 전송, 배포 등을 금합니다.

Photo credits
Shutterstock.com : ⓒ MakDill, ⓒ Rawpixel.com, ⓒ Efimova Anna, ⓒ buttchi 3 Sha Life, ⓒ Lkzz, ⓒ Keat Eung, ⓒ Andreas Altenburger, ⓒ Rich Carey, ⓒ Larina Marina, ⓒ wim claes, ⓒ Travel Stock, ⓒ Elena Birkina, ⓒ JaneHYork, ⓒ Wolfgang Zwanzger, ⓒ treesak, ⓒ JWPhotowork, ⓒ Pedarilhos, ⓒ Onyx9, ⓒ lvalin, ⓒ Aleksey Stemmer, ⓒ Tom Reichner, ⓒ Bewickswan, ⓒ Ghost Bear, ⓒ ermess, ⓒ bjonesphotography